国家智库报告 2015 (5)

National Think Tank

"十三五"时期的中国金融体系改革建议

王国刚　董裕平　著

SUGGESTIONS ON CHINESE FINANCIAL SYSTEM REFORM
DURING 13TH FIVE YEAR PLAN PERIOD

中国社会科学出版社

图书在版编目(CIP)数据

"十三五"时期的中国金融体系改革建议/王国刚,董裕平著.—北京:中国社会科学出版社,2015.6

(国家智库报告)

ISBN 978 - 7 - 5161 - 6276 - 7

Ⅰ.①十… Ⅱ.①王…②董… Ⅲ.①金融体系—经济体制改革—研究—中国 Ⅳ.①F832.1

中国版本图书馆 CIP 数据核字(2015)第 120763 号

出 版 人	赵剑英
责任编辑	王 茵
特约编辑	喻 苗
责任校对	王 斐
责任印制	李寡寡

出 版	中国社会科学出版社
社 址	北京鼓楼西大街甲 158 号
邮 编	100720
网 址	http://www.csspw.cn
发 行 部	010 - 84083685
门 市 部	010 - 84029450
经 销	新华书店及其他书店

印刷装订	北京君升印刷有限公司
版 次	2015 年 6 月第 1 版
印 次	2015 年 6 月第 1 次印刷

开 本	787 × 1092 1/16
印 张	4.25
插 页	2
字 数	33 千字
定 价	18.00 元

目　录

内容提要　金融体系改革是指，直接涉及金融体系内各个方面体制机制转变和金融发展方式转变的具有总体性质的改革。"十二五"期间，我国金融体系改革主要表现在：货币政策调控机制的"去行政化"进展明显，市场化和国际化程度明显提高；金融监管机制进一步强化，各金融监管部门之间的协调程度有所提高；金融机构改革持续深化，业务转型正在展开；多元化资本市场体系建设加快，债券发行注册制开始实施等。随着经济发展进入了新常态，金融体系存在的主要问题也日渐暴露，主要表现在：实体企业与城乡居民的金融选择权依然没有破题；建立在单一银行信用基础上的金融体系尚无实质性改变，由商业信用、银行信用和市场信用构成的金融市场机制尚未建立；按照交易规则划分的多层次股票市场依然未能建立，各种债券（尤其是公司债券）基本还处于间接金融范畴；宏观审慎管理框架的构建和监管协调机制有待强化；金融体系基础设施建设亟待完善。"十三五"期间，中国金融体系改革主要表现在货币政策调控机制从运用行政机制直接调控向尊重市场机制间接调控转变，商业银行的发展方式、业务模式和管理机制转型，构建多层次债券市场体系和完善多层次股票市场体系，加快发展现代保险服务业，深化政策性金融体系改革和探索基于负面清单的金融监管模式等方面，涉及众多攻坚克难之处，需要全面系统地予以考虑安排。

2011 年（尤其是十八大）以来，为了实现建成全面小康社会的奋斗目标，中央以坚定的决心、巨大的勇气和丰富的智慧全面推进经济社会各个领域的改革深化。十八届三中全会做出了全面深化改革的顶层设计，四中全会做出了全面推进依法治国的部署。金融体系改革作为经济体制改革的一个重要环节，遵循总体改革的方向与规划，按照金融服务实体经济的逻辑要求，在充分发挥市场在配置金融资源方面的决定性作用背景下，持续推进金融市场体制机制的完善，构建和完善现代金融体系。这不仅有效推进了"十二五"期间经济社会发展各项主要目标的实现，而且为"十三五"期间全面深化金融体系改革奠定了坚实的基础。

一　"十二五"期间金融改革的简要回顾

"十二五"期间，我国金融体系改革主要表现在如下几个方面：

第一，货币政策调控机制的"去行政化"进展明显，市场化和国际化程度明显提高。"十二五"期间货币政策目标体系、货币政策决策机制和货币政策传导机制等逐步完善。人民银行根据实际灵活创新运用多种政策工具，不断丰富和完善货币政策工具组合，加强了定向性结构调整，缓解企业融资成本高的问题，较好地实现了货币政策的宏观调控功能，促进了经济增长与物价稳定之间的较好平衡。在构建逆周期的金融宏观审慎管理制度框架和健全系统性金融风险防范预警体系、评估体系和处置机制方面，取得了一定的进展。加速推进利率市场化改革，适当扩大了利率市场化定价的空间，人民币贷款利率从扩大浮动区间到取消浮动区间管制，存款利率区间也进一步扩大到 1.2 倍，放开了上海自贸区外币存款利率上限。市场基准利率建设进展良好，相关部门对短期、中期利率的管理不断完善，银行间同业拆借利率和国债收益率曲线市场化水平不断提升。汇率制度不断完善，人民银行自 2014 年二季度以来基本上退出了常态化的市场干预，人民币汇率双向浮动弹性明显增强，预期分化。人民币国际化明显加快。跨境使用取得较大进展，已经和我国发生跨境人民币收付的国家达到 174个，有 28 个中央银行与我国签订了双边本币互换，总金额超过了 3 万亿元，人民币货币合作从亚洲延伸到了欧洲主要经济金融中心以及美洲、大洋洲和中东地区，超过30家央行和货币当局将人民币纳入其外汇储备。香港、新加坡、台湾、伦敦等人民币离岸市场初步建立发展。境外直接投资人民币结算试点状况良好。按照"依法合规、有偿使用、提高效益、有效监管"原则，不断创新和拓宽外汇储备运用的渠道和方式，外汇储备资产的币种结构、期限结构和收益率结构有所优化。

第二，金融监管机制进一步强化，各金融监管部门之间的协调程度有所提高。"十二五"期间，金融监管体制机制改革持续进行，监管体制机制的目标性、针对性和及时性不断提高，监管协调机制有所改善，有力维护了金融稳定与安全。2013年8月国务院批复建立了由人民银行牵头，银监会、证监会、保监会和外汇局参加的金融监管协调部际联席会议制度。由于信托、影子银行、互联网金融等创新型金融业务不断发展深化，各监管部门的业务协调持续深入，加强了跨行业、跨市场的金融监管规则建设，对跨界传染和系统重要性金融机构的监管日益强化。包括金融法律法规的修订完善、社会信用体系的建设等多种金融基础设施建设取得较好的进展。例如，稳步推进《证券法》的修改，深入研究健全针对影子银行和互联网金融等新型业态的监管规则等。

加强了监管的国际合作，相关监管部门积极开展与国际货币基金组织、国际清算银行、金融稳定理事会等的合作，参与国际会计准则、巴塞尔新资本协议、系统重要性金融机构、影子银行、破产处置机制等国际金融准则的修改，并相应促进完善了我国的金融业稳健标准。

第三，金融机构改革持续深化，业务转型正在展开。"十二五"期间，国有商业银行公司治理体系改革持续推进，内部控制继续加强。国有商业银行优先股的发行和上市，不仅有利于拓宽银行资本渠道，也为其未来股权结构进一步优化打开空间。对政策性金融机构的认知与改革有所调整，国家开发银行成立住宅金融事业部，放缓了商业化改革，其定位问题尚未最终解决。进出口银行和农业发展银行在强化政策性职能定位、坚持以政策性业务为主体、审慎发展自营性业务的前提下取得了一定发展。在加强监管的条件下，适当放宽市场准入，允许设立民营银行，大力推进村镇银行等小微金融服务机构的发展。为强化市场纪律和金融稳定，大力推进的存款保险制度建设，预计在 2015 年能够正式出台。证券期货经营机构的发展进一步规范。保险机构的创新服务能力和风险内控能力得到进一步强化，保险业偿付能力监管水平也得到进一步提高。保险资金运用管理体制改革取得较大进展，设立了一批保险资产管理公司，拓宽了保险资金投资范围，保险资金运作水平稳步提高。金融资产管理公司商业化转型取得重大进展，逐步转型为多元化的金融控股集团，业务包含了不良资产处置、证券、基金、信托、银行和租赁等。2013年我国信达资产管理公司在香港上市，2014年华融资产管理公司也引入了战略投资者。金融业综合化经营发展比较迅速。"十二五"期间，中信集团和光大集团也完成了公司化改制，成为真正的金融控股公司。中国银行、农业银行、工商银行、建设银行、交通银行等国有商业银行，浦发银行、兴业银行等股份制商业银行以及国家开发银行等已全部或部分拥有了证券、投行、保险、租赁、基金等公司，成为事实上的银行控股集团。

第四，多元化资本市场体系建设加快，债券发行注册制开始实施。一方面，债券市场发展明显加快，债券发行余额持续增加，市场交易量不断增长。银行间债券市场发行已实现注册制，对企业债券和公司债券的发行管制也不断放松。债券品种创新和多样化步伐加快。因金融危机暂停的资产证券化业务重新启动，发行规模和频次也逐步增多，在管理体制上，也从审批制改为备案制。另一方面，股票发行制度的市场化改革进一步深化。证监会在2012年、2013年两次推动新股发行体制的市场化改革，但未能突破核准制，十八届三中全会《决定》明确提出推行股票发行注册制。新"三板"市场建设取得较大进展，2013年全国中小企业股份转让系统正式揭牌运营，挂牌的公司已超过千家。全国区域性场外市场也发展迅速，挂牌交易企业数量大幅增加，成为前述全国性证券市场的有益补充。再一方面，加快了资本市场的双向开放，正式启动了沪港股票市场交易互联互通，以促进内地资本市场与全球资本市场的融合。

"十二五"期间，面对正在经历的长周期的全球危机，我国经济发展进入了新常态，潜在经济增长减速，结构调整任务艰巨，我国金融体系改革也进入了关键阶段，虽然取得了显著的成绩，但存在的主要问题仍然非常突出。

其一，实体企业与城乡居民的金融选择权依然没有破题。这涉及政府与市场之间关系的改革难题，其结果则导致了我们几乎无法突破的以银行间接融资占绝对主导的"外植型"金融体系结构。

其二，建立在单一银行信用基础上的金融体系尚无实质性改变，由商业信用、银行信用和市场信用构成的金融市场机制尚未建立，资本要素的市场价格基准难以形成，由此，导致货币政策当局只得依赖于一些传统的行政性措施对金融运行和金融市场进行直接干预，缺乏有效的市场化手段或工具对金融体系走势展开调控。

其三，按照交易规则划分的多层次股票市场依然未能建立，各种债券（尤其是公司债券）基本还处于间接金融范畴，难以有效满足城乡居民和实体企业的多元化融资与投资需求。另外，相对缺乏高效率的长期资金投融资体制，长期资本匮乏问题以及相应的金融资源的错配问题还在加剧。

其四，宏观审慎管理框架的构建和监管协调机制有待强化。基于系统性风险管控的宏观审慎管理框架在2011年之后进展较为有限，各部门监管协调的效率有待进一步提升，中央与地方的金融监管职责和风险处置责任界定需要加速推进，国内与国际的金融监管协调也应逐步微观化并与国内行业规范相融合。

其五，金融体系基础设施建设亟待完善，应该加快建立、修改和完善一些有利于促进市场体制机制良性运行的法律法规，比如证券发行与交易的注册制度、存款保险制度、金融机构市场化退出、危机救援机制等。

这些问题的存在，已经严重影响到我国金融体系服务实体经济的基本功能，特别是面对实体经济正在出现的重大变化，我国金融体系必须以市场发展为导向，及时推进新一轮的全面性改革。

二　"十三五"时期金融改革的主要目标

全面把握和准确判断国内国际经济金融形势变化，适应我国经济发展新常态，是我们规划好"十三五"时期金融体系改革与发展的基本前提。

从国际情况来看，根据历史经验，未来 5 年全球恐难完全走出 2008 年以来的长周期性危机。危机以来，包括 G20 机制在内的各国联手采取的各项需求干预政策，只是阻断了危机冲击的传统路径，而那些导致危机爆发的内在因素，即植根于发达经济体内部的深层次结构扭曲至今并未得到纠正。虽然金融体系"去杠杆化"持续推进，但高福利—高消费—低储蓄以及相应的国际分工结构表现出刚性特征与僵化特征依然强劲，大多数发达经济体的财政赤字率和负债率居高不下，公共财政结构扭曲的风险还在累积,更是显示了"去杠杆化"的成效甚低,甚至还有着进一步提高杠杆率的趋势。目前,美国通过"大水漫灌"式货币政策托底后经济逐渐出现了复苏的势头,但欧洲与日本仍然困在衰退的边缘。因此,自危机以来全球总需求不足仍将持续较长时间,发达经济体内各种矛盾可能继续恶化,且还将加大贸易保护主义的力度,美国牵头希望达成 TPP 和 TTIP 的框架来重构国际经济融合的规则,借以抬高商品、服务和资本的流动门槛,特别是涉及所谓的"市场经济国家地位"、政府"竞争中立"等规则约束,这些都对当前我国作为制造业中心的国际分工格局可能造成深刻影响,不仅我国的出口很难继续保持较快增长,而且在全球紧密融合背景下还会受到发达经济体内部调整的各种冲击。

从国内情况来看,关键的变化是经济脱离原来 30 多年持续高速增长的轨道向中高位区间换挡。除了国际因素,这主要是由内部结构性因素造成的结果。首先是我国人口结构在发生重要的趋势变化,在 21 世纪初期经过刘易斯转折点后,现在又较快地面临劳动年龄人口下降、人口抚养比快速上升的转折点,在科技进步贡献比较有限的条件下,人口红利丧失必然会导致经济增长的自然减速。

其次，我国产业结构中已经存在大量产能过剩，说明制造业已基本饱和，结构调整就意味着第三产业比例的逐步上升，相对第二产业，我国第三产业的劳动生产率还比较低，因此，尽管发展第三产业创造了大量就业机会，但第三产业的低端发展使得产业结构调整在整体上对经济增长的贡献反而下降了。另外，从要素投入结构来看，劳动投入的增速趋于下降，由于房地产市场进入调整区间和产能过剩的压力，资本投入增速也在减缓，技术进步则是进展较慢，因此，产出增长率也会减速。

面对这种结构性的经济增速减缓，传统上刺激总需求的宏观政策很难发挥作用，既有的刺激性政策作用效果实际上也在衰减。近年来，国内一直在强调转变发展方式和寻求新的增长点，其中受到普遍关注的就是通过城镇化发展来保持经济的较快增长。但城镇化发展过程受到相当程度的扭曲，不少地方脱离了"产业发展—就业增长—人口聚集—城市发展……"的切实路径，脱离着实解决医疗、保健、教育、文化、体育、道路和住房等方面严重供求缺口的取向，变成了简单的造城运动，几乎蜕变成了单纯的房地产开发，问题不断积累，所造成的房地产市场泡沫风险、地方政府融资平台债务风险以及由此引致的银行体系风险开始局部显露（银行体系的不良资产比例和数额已连续 11 个季度上行），小微企业的融资需求更加困难。总体而言，国内外多种因素决定了实体经济增长减速换挡，已经成为我国金融体系所面临的系统性风险的主要来源。

就金融体系而言，现有的以银行信用为基础、以存贷款为主体的金融体系缺陷更加突出地暴露出来，不仅引致了经济和金融运行中的一系列矛盾和弊端，而且给经济社会的健康可持续发展留下了一系列严重的隐患。因此，金融体系必须通过全面深化改革才能适应宏观基础环境的重大变化，真正回归到服务实体经济的轨道，更好地满足我国在新常态下发展新型工业化、信息化、城镇化和农业现代化的需要。深化金融体系改革应以市场为导向，发挥市场在配置资源中的决定性作用，为此，需要正确处理好货币政策调控、金融监管与充分发挥金融市场在配置金融资源方面的决定性作用之间的关系，凡是市场机制能够发挥作用并且能够解决的问题，应交给金融市场去解决，不应由货币政策调控和金融监管代劳，改变政府部门越位、缺位和错位等问题，真正落实好各种市场主体的金融权。

"十三五"期间，金融体系改革的主要目标包括：

第一，货币政策调控机制从直接行政调控为主转变为运用价格机制间接调控为主，从"重需求管理"转向"需求管理与供给管理相协调"，建立宏观审慎政策体系。

第二，形成有效的市场价格基准。健全反映市场供求关系的国债收益率曲线，形成金融产品价格的市场基准；加快推进利率市场化，建立健全由市场供求决定利率的机制，建设完善的市场利率体系和有效的利率传导机制；完善人民币汇率市场化形成机制，增加外汇市场的参与者，减少人民银行对外汇市场的常态式干预。在这些条件的基础上，形成人民银行运用价格机制调控金融运行走势的新格局。

第三，在金融脱媒的发展趋势下，有效推进商业银行的业务转型，明显降低生息业务比重，提高综合经营比重。切实降低实体企业的融资成本和提高城乡居民的金融财产收入水平，分散金融风险。

第四，发展多层次资本市场，满足多元化的投融资需求，推动资本市场双向开放，有序提高跨境资本和金融交易可兑换程度。推进债券回归直接金融，公司债券应主要面向城乡居民和实体企业发售，以降低实体企业的融资成本和提高城乡居民的金融资产收入水平；应致力于建立以证券公司网络系统为平台、经纪人为核心的场外交易市场，从根本上解决小微企业资本供给不足的问题。

第五，建立有效的长期资金的投融资体制。鼓励发展以保险业为代表的各类契约型金融机构，继续发展好政策性金融机构，为民营资本创造良好的投融资体制环境。

第六，建立有效的金融风险防范和化解机制，完善金融风险的预警机制和应急机制，防止系统性风险和区域性风险的爆发。

第七，深化金融监管体制机制改革，打破机构监管为主的格局，形成功能监管为主的体制机制。以此为基础，建立统一协调的金融监管部门机制、中央与地方分层监管体系。

上述多个方面的改革发展目标是一个有机统一的整体，它们虽各有侧重，但也相互依赖、相互制约，因此，在改革举措的选择中应从这种有机统一角度进行甄别考虑。另外，金融体系改革是一个复杂且具有全局性的工程，应避免对经济和金融的正常运行产生瞬间的严重冲击，因此，要考虑选择有着"滴水穿石"效应的举措，即在渐变中逐步形成巨变的效应。

三 "十三五"时期深化金融体系改革与发展的主要方面

金融体系改革是指直接涉及金融体系内各个方面体制机制转变和金融发展方式转变的具有总体性质的改革。毫无疑问，金融体系改革的措施，不是指金融领域中的某个单项改革，而是指具有"牵一发而动全身"的重大改革，它具有明显的方向性、战略性和全局性。

（一）深化货币政策调控机制改革

改革开放 37 年来，受计划经济体制机制影响和经济金融运行中一系列因素制约，我国货币政策迄今依然以运用行政机制直接调控为主。在此背景下，金融体系改革的深化受到一系列影响，难以有效实施。要落实市场在配置金融资源方面的决定性作用，就必须实现货币政策从直接调控向间接调控的转变，更多地运用利率、汇率等价格机制调控经济金融运行中的货币流向、流量和流速，推进金融资源按照市场机制的要求配置。

1. 宏观环境变化推动货币政策调控机制的转变

长期以来，在强烈追求经济高增长目标的驱动下，货币政策成为"保增长"的首要支撑，因而，在调控机制上倾向于直接的信贷管控与利率管制。随着这种政策模式的累积，导致了金融的多重扭曲，政府管制伸展到了金融各个角落。经过21世纪以来10多年的快速发展和受国际金融危机的深刻影响，我国货币政策的操作环境发生了重要变化。

第一，潜在增长率发生了明显变化，以改革保增长调结构成为政策总取向，推进基于创新、技术进步、制度改革的内生性增长成为政策总基调。

第二，国际收支从双顺差转变为趋于平衡，为货币政策调整提供了新的空间，在新常态下，货币调控的针对性、灵活性和前瞻性、稳健性等都将有所增强。

第三，金融创新、影子银行和互联网金融等的发展，促进了我国融资机制的多元化，也冲击了原有金融体制，倒逼改革，对货币政策产生了极大影响：其一，金融创新改变了整个社会的流动性，对已有的货币统计口径带来明显冲击。商业银行表外业务快速发展，创造了一些新的流通手段，这些表外业务并不在传统的货币统计范围内。其二，融资结构多元化，使传统银行信贷在促进储蓄向投资转化中的地位和作用明显下降。根据央行统计，2002 年，人民币贷款在社会融资总量中占比达91.9%，到 2014 年，该占比已然下降到 60% 左右。其三，信息技术的发展、清算和支付方式的变革，尤其是基于信息技术的互联网金融的兴起，使得大量支付和资金流通都游离于原来的金融监管规则、货币统计之外。

为了应对宏观环境的变化，近年来的货币政策思路已经做了一些调整，主要体现在相互关联的三方面："盘活存量、用好增量"，"总量稳定、结构优化"，更加注重"定向调控"。在严格控制总量的情况下，盘活存量能够提高资金使用效率，换言之，存量不"盘活"，总量就难以稳定。结构优化则是"用好增量"的必要途径和具体表现；定向调控也就成为促进"结构优化"的手段。

2. 构建货币政策调控的新机制

我国金融结构出现了一系列新变化，与此对应，货币调控机制需要适应新的金融环境而及时地加以调整和改革。主要表现在：

首先，货币政策操作需要从主要关注传统银行信贷转向关注广义信用。尽管 1998 年改革货币调控机制，名义上确立了以公开市场操作、法定存款准备金比率和再贴现为主的间接货币调控机制，但在随后的 10 多年操作中，管控新增信贷规模依然成为我国货币政策调控的一个重心。近年来，随着影子银行等融资渠道的拓展，传统银行信贷在社会融资总量中的比重明显下降，由此，使得管控新增银行信贷规模的闸门对货币政策调控目标的实现，不仅难以起到立竿见影的效果，甚至可能引致对宏观经济运行状况做出不恰当判断。从货币政策传导的信用渠道理论来看，影响经济活动水平的是实体经济部门获得信贷的条件以及信贷数量，而不是货币数量本身。因此，除了传统的银行信贷渠道之外，还应该把各种金融创新和影子银行体系发展所导致的广义信用渠道纳入政策关注的视野；在进一步发展中，也应将商业信用和市场信用纳入广义信用范畴。由此，货币政策调控的中间目标需要转向更多地关注广义信用。从各类企业发行公司债券来看，公司债券发行越来越趋向市场化。在注册制条件下，发行多少债券、什么时候发行、期限长短等均由企业自主决定，人民银行和金融监管部门难以继续按照审批制方式予以限制，由此，人民银行调控广义信用的基本途径就是通过利率机制来影响公司债券发行人的选择，从而，调控广义信用总量。

其次，逐步确立以利率水平为操作目标的货币政策体系。在市场经济中，货币政策的价格型调控，是指确立以某种货币市场利率为操作目标的货币政策体系，央行通过公开市场操作和央行再贷款（或再贴现）等工具的配合运用，使该指标利率大体与央行的目标值一致。央行通过调整该操作目标利率，引导其他中长期利率联动，进而影响企业和家庭的借贷、影响投资与消费等实体经济活动。以利率为操作目标来影响广义信用总量，其有效性要取决于两个基本因素：其一，利率的期限升水或风险溢价比较稳定。其二，借款者对利率变化要有足够的敏感性，否则，货币政策调控的效果就难以实现。由于我国利率市场化改革尚在推进过程之中，前一项基本因素目前尚不完全具备，后一项因素虽然在可观察的一些民间借贷活动中表现得不明显，但随着利率市场化改革到位，一般的理性借款者应该会遵循市场约束。因此，加快完成利率市场化改革已经成为我国货币政策改革的关键所在。

3. 重点加快完成利率市场化改革，形成市场价格基准

利率市场化是指利率形成和利率水平主要由市场机制决定的状况，它主要包括利率决定、利率传导、利率结构和利率管理等的市场化。实际上，利率市场化就是将利率的决策权交给各类金融市场活动主体（包括金融监管部门和银行、金融机构、实体企业和城乡居民等）共同选择决定，由这些主体自己根据资金状况、对金融市场动向的判断和运作取向等来自主选择适当的利率水平，最终形成以央行基准利率为基础，以货币市场利率为中介，由市场供求决定存贷款利率的市场利率体系和利率形成机制。显然，形成机制（即定价权）是市场化改革的核心。利率市场化的主要特征有三：一是城乡居民、实体企业和金融机构等金融交易主体共同享有利率决定权，交易价格应在市场交易主体各方竞争中形成。二是通过市场交易形成利率的数量结构、期限结构和风险结构。三是央行享有间接影响金融资产利率水平的权利。中央银行可通过公开市场操作等多种方式间接影响利率水平或调整基准利率，由此，影响商业银行等金融机构的资金成本和利率水平，进而影响广义信用数量（即不再通过利率管制等直接手段进行干预）。

迄今为止，我国已经基本实现了银行间同业拆借市场、债券市场、外币存贷款市场三个主要市场的利率市场化，但作为它们基础的人民币存贷款利率却尚未市场化。我国的利率市场化的改革目标是，通过形成由存款人与存款机构之间、借款人和贷款机构之间在存贷款市场上的充分竞争机制，建立反映人民币存贷款风险的市场利率体系；同时，实现货币政策调控机制从直接调控向间接调控的转变。利率市场化改革的精髓并不仅仅是改变利率水平的浮动范围，而是要从根本上转变这些利率的形成机制，即由人民银行决定存贷款利率水平转为由金融市场各类参与主体在竞争中形成利率水平。

近年来，进一步推进存贷款利率市场化改革的各项条件逐步形成。从宏观层面看，经济运行总体平稳，价格形势基本稳定。从微观主体看，金融机构财务硬约束进一步强化，自主定价能力不断提高，企业和居民对市场化定价的金融环境也更为适应。为此，人民银行明显加快了存贷款利率"去行政化"的改革步伐，但现阶段人民银行实际上仍然管控着贷款利率的基准，金融机构也很难过度偏离这一基准进行定价。在推进存款利率"去行政化"方面，人民银行更加谨慎。从国际上的成功经验看，放开存款利率管制是利率市场化改革进程中最为关键、风险最大的阶段，需要根据各项基础条件的成熟程度分步实施、有序推进。对此，还需要继续着力培育各项基础条件，健全市场利率定价自律机制，强化金融市场基准利率体系建设。在当前各种理财产品实质上已经形成对存款市场利率的重要影响条件下，抓住适当时机进一步扩大浮动区间，促进银行金融机构的自主定价。2015 年正式推出存款保险制度后，存款市场中的利率差异化将进一步扩大。

在"十三五"时期，加快推进利率市场化改革的主要举措有四：一是加快债券（尤其是公司债券和地方政府债券）直接向城乡居民和实体企业的发售步伐，给这些资金供给者和资金需求者以更多的金融选择权，改变存贷款市场上的银行卖方垄断格局。二是取消人民银行对存贷款基准利率的行政管制，推进利率政策从行政管控向市场机制的转变。三是改善人民银行资产负债表结构，提高其资产运作能力，增强货币政策操作的灵活性和调控能力。四是通过金融脱媒、倒逼商业银行等金融机构业务转型，降低存贷款业务比重，发展中间业务，提高金融市场竞争力。

4. 继续改革创新其他货币政策调控工具

近年来，我国货币政策调控机制的改革突出表现在货币政策调控工具的创新运用方面。在"十三五"时期，还应根据宏观环境的变化趋势和我国经济金融的实践特征，继续改革创新这些货币政策工具的运用，丰富政策工具组合，从而发挥好宏观调控的政策效能。

从运用法定存款准备金率看，2003 年以来，这一货币政策工具成为人民银行冲销外汇占款和"深度"冻结流动性的重要工具。2014 年，随着宏观形势变化和货币调控思路的相应调整，为"用好增量"和"结构优化"，有针对性地加强对"三农"和小微企业的金融支持，人民银行选择了定向下调法定存款准备金率，这成为灵活运用货币政策的一个突出特点。可以说，法定存款准备金政策不再仅仅是传统的总需求管理政策的构成部分，也成为金融结构调整的一项重要政策工具。但真正重要的是，尽管如此，法定存款准备金率工具还应随着货币政策环境的变化而有序地进行调整。

在深化体制改革和经济新常态背景下，将法定存款准备金率谨慎有序地下调到合理的水平，不仅是稳增长政策的需要，也是进一步深化金融体制市场化改革的需要。在存款余额超过百万亿元（2014 年 11 月达到 115 万亿元）的条件下，法定存款准备金率的调整应当避免对金融市场造成大的流动性冲击。应根据宏观经济环境的变化，以小幅多频次（比如每次 0.2% 或者 0.25%）进行调整，同时，注意管理好政策预期，最终将其调整到较合理的水平。另外，由于这一调整需要较长时间，而利率市场化改革的需求又较为迫切，为此，一种可行的办法就是，在有序缓慢降低法定存款准备金率的过程中，可考虑按照市场利率略低的水平，为商业银行等金融机构存于人民银行的准备金（尤其是超额存款资本金）支付高于目前水平的利息，以减缓其对存款利率市场化改革的影响。

人民银行再贷款的运作方式主要包括：再贴现、再贷款、常备贷款和抵押补充贷款等。在经济新常态的环境中，对冲销外汇占款和深度冻结流动性的货币政策操作需求下降，为央行资产方的货币政策操作提供了必要的空间。适当采取再贴现与再贷款工具，可以发挥调节货币信贷总量及结构的政策功效。例如，2014 年上半年，央行主要利用了再贷款来引导信贷结构的调整。相对于普通的再贷款而言，抵押补充贷款是非信用贷款；

相对于常备贷款而言，其贷款的期限更长。央行可以用来引导中期利率走势。这样，通过公开市场操作中的短期流动性调节工具、央行贷款中期限较短的常备贷款和期限较长的抵押补充贷款，可以形成多样化的引导利率期限结构的利率走廊机制。在今后的实践中，央行还应该根据条件和环境变化，继续不断创新和运用好再贷款性质的政策工具，以增强其转向间接调控模式的政策效果。

公开市场操作是货币政策的微调工具，具有法定存款准备金政策无法比拟的灵活性。毫无疑问，未来公开市场操作仍将是货币政策微调的基本工具，所发挥的主要作用仍将是调节市场流动性和引导市场利率走向。在操作对象上，随着央行票据余额的进一步下降，交易对象应主要转向国债或金融债券。由于任何局部金融市场的意外剧烈波动都可能对整个金融市场造成不利影响，因此，针对特定金融市场波动而展开的"定向公开市场"操作，也可以成为货币政策的新尝试。鉴于我国利率市场化改革的"去行政化"正逐渐进入收官阶段，公开市场操作将不仅引导市场利率总体水平的变化，还将通过不同期限债券的操作引导利率期限结构的变化，提高货币政策传导的效率。

从操作汇率政策看，进入 21 世纪以来，人民币汇率既因我国经济的持续上升而升值，也因受到国外政治压力而被动地上升。在国内外利差与升值预期的双重作用下，资本持续流入给国内经济造成了巨大冲击。汇率形成机制的进一步改革，有利于我国更加积极、主动应对人民币升值的国外压力。随着 2008 年金融危机以来的全球经济再平衡进程加快，源自贸易顺差的人民币需求有着减弱的趋势；随着"走出去"战略的加快推进，国际收支趋向平衡；人民币汇率的双向波幅加大，美国退出量化宽松引致的人民币对美元短期贬值，国际因素对人民币汇价水平影响加重等，这些变化都有利于汇率形成机制的更加市场化。2014 年以后，人民银行逐渐退出日常市场干预，市场预期分散，这为进一步深化人民币汇率机制的市场化改革、理顺货币政策传导的汇率渠道、提高货币政策效率创造了有利条件。在这种有利的局面下，"十三五"期间应当协调推进利率与汇率机制的市场化改革，加强外汇市场建设，应大力拓展市场参与者的类型和层次结构，切实拓宽市场深度和广度，完善人民币汇率形成机制，进一步扩大人民币兑主要货币的浮动区间。另外，可以适时推出外汇平准基金，以增加平抑汇市价格波动的机制。

（二）加快商业银行转型改革，以利于重构现代金融体系

长期以来，我国的金融体系建立在单一银行信用的基础上，它借助于存贷款创造资金的功能，一方面改革开放 30 多年来经济快速发展中所需资金的支持，使得我国没有陷入一些发展中国家在经济起飞时所面临的贫困陷阱，因此，功不可没；另一方面，又严重限制了实体企业和城乡居民的金融产品选择权，严重限制了商业信用和市场信用的发展，不仅使得金融产品价格体系长期处于不合理的扭曲状态，难以充分发挥市场在配置金融资源方面的决定性作用，市场内生性的大量金融需求难以得到满足，而且使得国民经济各项活动建立在信贷债务关系基础上，债务风险持续累积，乃至成为制约金融深化改革的重要因素。因此，我国金融体系改革的基本方向，应该是发挥资本市场在配置金融资源方面的决定性作用，这就需要改变以银行信用为基础、以存贷款为主体的间接金融架构，建立以"直接金融为主、间接金

融为辅"的现代金融体系。由此，加快商业银行转型改革，转变经营模式和增长方式，实现经营结构的战略性调整，提高经营效益，促进金融稳定，不仅是各家商业银行在面临日益激烈的市场竞争压力下寻求生存发展之道的问题，更是我国金融从"外植型"转向"内生型"，从而优化金融体系结构，降低社会融资成本，支持实体经济发展的关键所在。

　　商业银行转型通常是在外部环境发生实质性变化的背景下展开的，其中，最重要的外部环境要素由金融产品及其价格、金融市场需求和金融监管机制三方面构成。在"十三五"期间，我国银行业面对的这三个因素还将发生更加实质性的变化。这些因素的变化，导致原有相对传统、侧重存贷款规模扩张的业务模式将难以为继，主要表现在：第一，随着债券等直接金融产品向实体企业和城乡居民发售，这些资金供给者和资金需求者的金融选择权将明显扩大，由此，他们手中拥有的一部分（甚至可能是相当大一部分资金）不再以存款方式进入银行体系，他们对资金的一部分需求（甚至可能是相当大一部分需求）不再通过银行贷款解决，这将引致银行通过存贷款机制创造资金的功能明显减弱；另外，由于债券利率高于存款利率、低于贷款利率，所以，它将引致存贷款的竞争力减弱，使得银行失去卖方垄断收益，迫使银行在存贷款业务缩减的背景下展开非生息业务。第二，金融市场需求变化。在大中型企业客户的融资渠道日渐多元化、对银行贷款的依赖度逐渐下降的背景下，银行贷款将逐步向小微企业和居民家庭集中。另外，随着城镇化建设的展开，以工业企业为主要对象、以贷款为主要机制的银行业务的增长空间将明显压缩，与此同时，以居民家庭为主要对象、以财富管理为主要机制的业务增长空间快速扩展，这在客观上要求调整已有的业务模式、运作机制和服务对象，这些调整同时也是促进银行业务创新和发展的一个重要动力。第三，金融监管机制变化。与正面清单相比，在实行负面清单管理的条件下，金融监管趋向放松。由于法无禁止即可为，所以，银行综合化经营的空间将大大扩展。另外，金融监管部门也将进一步强化监管协调，即在放松对银行业务领域限制的同时，对银行的监管也将更加趋于系统性和预警性，由此，在权力清单范畴内的监管力度还将强化。这在一定程度上，将进一步推动银行向非传统业务（尤其是向与金融市场相关业务）方面拓展。

　　我国商业银行转型的目标是通过建立一套与利率市场化条件下经济金融发展和客户需求变化相适应、与自身经营发展特点相符合的发展方式、业务模式和管理架构，以实现经营效益最大化、市场竞争能力持续提升、自身平稳健康运行和可持续的价值增长。转型的底线是不引发系统性风险和区域性风险。由于我国商业银行经营运作中存在诸如业务模式同质化（包括发展战略、市场定位、业务结构、产品与服务等方面的同质化）、中间业务收入占比过低、存贷款利差收入在营业收入中占比过高等一系列问题，在加快推进转型过程中，应按照适应性、差异性、协调性和渐进性四项原则有序落实。

　　商业银行转型主要包括发展方式转型、业务模式转型和管理转型这相辅相成的三项内容。其中银行业务模式、资产结构和收入结构的调整是最为核心的内容，发展方式的转型是战略先导，管理转型则是重要保障。在发展方式转变上，商业银行将从之前过于追求速度和规模、高资本占用的外延扩张型向注重质量和效益、低资本占用的内涵集约型发展方式转型。在管理转型上，尽管具体内容、手段和侧重点会有所不同，但差别化、精细化、高效率和集约化的管理模式应是各家商业银行应特别予以关注的目标。在业务经营模式的转型上，各家商业银行转型的方向和路径不尽相同，它们可根据自身特点和优势选择适合自己的业务模式。在转型方向上可充分借鉴国外商业银行转型发展的成功经验，紧密结合我国特点，从市场定位、商业模式、产品创新、金融服务等方面入手，找准切合银行自身特色的差异化发展策略，巩固和强化核心竞争力，在转型过程中赢得主动权，避免新一轮的"同质化经营"。

对于大型银行来说，可以按照全面发展、综合经营的方向定位，调整优化业务结构，深入推进以商业银行业务为主业的综合化经营，有效开拓国际化发展路径，努力打造经营特色，最终转型成为国际性综合化经营的多元化银行金融集团。对于中型银行来说，按照专业拓展、打造特色的方向定位，大幅调整业务结构，包括大幅提高零贷占比、大力拓展主动负债和显著提高非利息收入占比，在细分领域强力推进专业化经营，审慎推进综合化、国际化经营，走与自身经营特色、业务优势相匹配的专业化发展道路，不求"做大、做全"，注重"做精、做细"。对于小型银行来说，按照聚焦小微、本地发展的方向定位，明确市场区域，找准服务客户，夯实基础、稳定核心负债，提供快捷灵活、特色化的金融服务。在具体业务转型战略方面，无论是大、中、小型银行，都应注重在中间业务发展上投入适当的战略资源。

商业银行的全面转型将是一项艰巨性和长期性的系统工程，也是商业银行的重构过程。既要稳步审慎，避免急于求成；又要积极创造条件，适时加快突破。首先，转型意味着对现有模式和范式进行具有实质性意义的较大变动，是对自身系统的完善和升华，这绝非易事，长期形成的各种惯性会形成各种各样的阻力；其次，我国经济发展方式转变、融资体制变化等外部环境变化的长期性和复杂性，也决定了商业银行转型并非是一场"毕其功于一役"的攻坚战，它需要有历史耐心，甚至是以"滴水穿石"的方式逐步推进；最后是外部环境变化加之银行转型本身带有较大不确定性，转型有很大风险，不论是大的震荡还是转型失败，后果都相当严重。在转型过程中，一些商业银行被并购、倒闭乃至破产可能难以避免。为此，需要尽快配套建立存款保险制度等应对机制，缓释对金融体系可能造成的较大冲击。

（三）健全资本市场体制机制

十八届三中全会《决定》明确提出，要发挥市场在资源配置中的决定性作用，对应于"更好发挥政府作用"，强调的是要处理好政府与市场的这一经济体制中的核心问题。在金融改革中，一方面由于我国金融领域（包括间接融资和直接融资）中盛行审批制，这一问题就表现得更加突出，更加严重；另一方面，相对于银行间接融资模式，市场直接融资模式的发展明显滞缓，特别是公司债券市场发展受到诸多限制而严重不足。近年来，这种以银行信用为基础、以存贷款为主体的金融体系缺陷暴露更加突出，不仅引致了经济和金融运行中的一系列矛盾和弊端，而且给经济社会的健康可持续发展留下了一系列严重的隐患，为此，以间接金融为主的金融体系已到了非改不可的程度。

1. 以多层次债券市场发展为重心的资本市场体制机制

债券市场作为资本市场最为重要和基础的组成部分，已经是我国金融体系发展中的突出短板，如果不能有效克服，以单一银行信用为主体、间接金融为特征的金融体系就无法重构，切合市场经济内生性的融资与投资的需求仍将无法得到有效满足，经济和金融运行中所暴露的一系列矛盾和弊端也难以得到根本性解决。就此而言，建立多层次债券市场体系，是改革健全资本市场体制机制的关键所在。

当前阶段，我国债券市场的规范发展存在着诸多亟待解决的问题。一是债券市场监管体系存在多头管理、相对分割的弊端。这种"五龙治水"的格局导致各类债券在审批、发行、交易、信息披露等环节中存在明显的差异性，各自为政，人为的市场分割并不是市场经济内在需求的多层次市场，反而使得债券市场的整体性和统一性在监管差异的分割中碎片化，严重破坏了债券市场的统一性和协同性，阻碍了债券市场金融功能的有效发挥。二是债券市场主要由政府部门、商业银行等金融机构和国有经济部门主导，众多实体企业和城乡居民被排除在外，产品结构也存在明显缺陷，公司债券、集合票据、非公开定向债务融资工具、中小企业私募债等品种数量极为有限，规模狭小。三是债券市场运行主要是为金融体系自身服务，在债券发行与交易环节中，主要由商业银行等金融机构从事买卖交易，债券从直接金融工具转变为间接金融工具，实质上并没有改变银行间接融资模式，债券市场沦为金融机构之间的"自娱自乐"和提高金融机构为自己服务比重的工具。四是债券交易市场均为有形市场，与债券交易特点严重不符，市场收益率曲线和定价机制不合理。同时，银行间市场和交易所市场明显分立，使得统一的债券交易市场碎片化。五是债券市场的基础设施建设仍然有待大幅调整和改善，包括相对统一的法律框架、市场的微观结构、风险对冲机制、市场违约及其处置机制等。

上述诸多问题，显然并非采取某种单项外科手术式的改革所能解决。实际上，这些问题是我国"外植型"金融体系的必然结果，为此，需要从建立一个内生性金融体系来着力，即要建立发展多层次债券市场，最本质的工作就在于赋予企业和居民金融选择权。基于当前我国债券市场发展的现状，应从公司债券发行环节入手，重新整合债券市场体制机制。公司债券作为直接金融工具，理应直接向实体企业和城乡居民发行销售，通过他们之间的自主选择交易，培育形成多层次直接金融的债券市场，这既有利于使实体企业摆脱资金来源过度受限于银行贷款、暂时闲置的资金只能存入银行的格局，也有利于提高城乡居民的财产性收入和实体企业对暂时闲置资金进行现金管理的水平。

围绕公司债券直接面向实体企业与城乡居民发售这一核心举措，需要做好七个方面工作：第一，切实将《公司法》和《证券法》的相关规定落到实处，有效维护实体企业在发行债券中的法定权利。从1994年以后，发展公司债券市场就是我国证券市场建设的一项重要制度性工作。1994年7月1日起实施的《公司法》第5章专门对发行公司债券做了规范，其中规定，股份有限公司3000万元净资产、有限责任公司6000万元净资产就可发行公司债券，公司债券余额可达净资产的40%。2005年，在修改《公司法》和《证券法》中，这些规定移入了《证券法》中。但20多年过去了，按照这一数额规定的公司债券鲜有发行。为此，需要依法行事，将这些法律规定进一步落实。第二，建立全国统一的公司债券发行和交易制度，改变"五龙治水"的债券审批格局。第三，取消公司债券发行环节的审批制，实行发行注册制和备案制，同时，强化对公司债券交易的监管。第四，积极推进按照公司债券性质和发行人条件决定公司债券利率的市场机制形成，在此基础上，逐步推进以公司债券利率为基础的收益率曲线形成，完善证券市场中各种证券的市场定价机制。第五，积极发挥资信评级在证券市场中的作用，为多层次多品种的公司债券发行和交易创造条件。第六，建立公司债券直接向实体企业和城乡居民个人销售的多层次市场机制，通过各类销售渠道（包括柜台、网络等）扩大公司债券发行中的购买者范围，改变仅由商业银行等金融机构购买和持有公司债券的单一格局，使公司债券回归直接金融工具。第七，推进债权收购机制的发育，改变单纯的股权收购格局，化解因未能履行到期偿付本息所引致的风险。与此同时，切实落实公司破产制度，以规范公司债券市场的发展，维护投资者权益。

在公司债券回归直接金融的条件下，择机出台《贷款人条例》，以促进实体企业间的资金借贷市场发展，以此为契机，推进实体企业之间的商业信用发展；推进《票据法》修改，增加实体企业的融资性商业票据，提高货币市场对调节实体企业短期资金供求的能力；逐步推进金融租赁机制的发展，准许实体企业根据经营运作的发展要求，设立融资租赁公司或介入融资租赁市场。在这些条件下，多层次债券性直接融资市场才能建立发展起来，从而贯彻市场在资源配置中起决定性作用的原则，我国金融体系也就可以切实回归实体经济。

2. 建立完善多层次股票市场体系

我国股票市场是在政府主导与监管下培育发展起来的，经过20多年的努力，初步形成了由交易所内的主板、中小板、创业板和全国中小企业股份转让系统以及地方股权（产权）交易场所构成的股票市场体系。沪深交易所是股票市场的主体，主板、中小板与创业板三个板块实际上采用了统一的 A 股规则。全国中小企业股份转让系统自 2013 年 1 月起正式开市交易。该系统主要接纳高新技术企业和"两网"公司及交易所市场退市公司的股票挂牌交易，被称为"三板"市场。另外，各地的股权交易中心构成了多层次股票市场的基础层级，也被称为"四板"市场。这些区域性股权市场的特点是由地方政府组织运营和监管，分布相对分散，挂牌企业以本地企业为主，同时也吸收外地企业参加。有的交易中心还根据挂牌企业发展的不同阶段，细分出"成长板"、"创新版"等子市场。不难看出，我国已有的股票市场体系在形式上呈现出了"多层次性"。

但这种形式上的"多层次"与股票市场的内在机理要求并不吻合，貌似神离，而且有着极大的误导效应。

从 1990 年上交所设立以后，我国的股票市场发展就已被政府强制的"外植型"机制所主导。在这种"外植型"模式下，证券监管部门直接设计和实施了股票市场从发行、上市、交易到退市的所有制度，拥有对股市各项制度安排的决策权、管制权和干预权，使得股市运行状况和发展路径主要取决于证券监管部门的主观判断，其中还掺杂了一系列对自身利益得失和喜恶偏好的多种考量，由此，引致了我国股市内在机制的全面扭曲和行政化，有着典型的"政策市"特征，处于有"市"无"场"的境地。

从发达国家的股市发展史看，符合市场机制要求的股市一般具有如下特征：一是发行市场与交易市场分立。股票发行市场是发行人（股份公司，下同）与投资者之间的经济关系，股票交易市场是股东与投资者之间的关系，这两类不同的主体关系截然不同，决定了他们之间的法律关系、股票定价等的实质区别，不可相混。但在我国股市中，一开始就将发股上市连为一体，混淆了两个市场之间的实质性差别。二是以经纪人为核心的股票交易市场规则。多层次股票市场体系由多层次股票交易市场规则界定。其中，股票交易市场规则是由经纪人制定和修改的，各个股票交易市场依交易规则不同而区分（如美国纽约证交所市场和费城证交所市场等），同一股票交易管理机构（如美国纳斯达克、东京证交所）中可以有多层股票交易规则并以此而划分为多层次股票交易市场。但我国的 A 股市场按照首次发行股票数额的多少划分为主板、中小板和创业板，这违反了股票交易市场规则的要求。三是多层次股票交易市场决定了股票发行的注册制。内在机理有三：其一，股票发行是发行人通过发股募集经营运作资金的要求，股票上市是股东卖出手中股票的要求，二者并非一码事；其二，股票发行成败的责任（以及发股后的履责）由发行人全部承担，股票交易的得失由从事交易的股东承担；其三，在多层次股票交易市场条件下，相关监管部门无法确认发行人在发股后是否向股票交易市场管理机构（如证交所）申请上市和在哪个股票交易市场申请上市交易，所以，也就无法按照上市交易的具体标准进行审批。但在我国，由于只有 A 股一个层次的股票交易规则，证券监管部门将其上市标准前移到发股环节，由此，形成了发股上市的审批制；同时，又由于这种审批制中的单一规则的贯彻，限制了按照新层次交易规则形成新的股票交易市场的进程。四是股票交易以股票的可交易性为基点，股票交易规则由上市规则、交易规则和退市规则等内容有机构成。但我国股票交易规则中，上市规则前移到发行之中，由证券监管部门掌控，交易规则中交割日、涨跌停板等由证券监管部门决定，退市规则中贯彻着盈亏标准，与世界各国和地区差别极大。五是股票市场对股权投资有着积极重要的引导作用。但在我国，股票市场对股权投资的引导力度相当之弱。一些股权投资基金到处寻求即将发股上市的股份公司为投资对象，投机倾向凸显。在城乡居民和实体企业存款余额高达 115 万亿元以上的背景下，众多实体企业依然困扰在严重缺乏资本性资金的"融资难"之中，经济运行困扰在高杠杆率（且还在持续上升）的高风险之中。

建立按多层次交易规则设定的多层次股票市场体系，是我国股票市场深化改革的方向。应根据实体经济发展需要，实现股票市场发展模式由外植型向内生转变，其中，首先应当改变的就是"政府办市场"的思路和相关监管理念。在此基础上，依法治市，充分发挥市场机制在形成和建立多层次股票市场方面的决定性作用，分立发行市场和交易市场，发展有别于 A 股市场的新层次股票交易市场，形成新层次股票交易市场与 A 股市场之间建立在竞争基础上的协调互动，全面提高股市对实体经济的支持力度。为此，应从以下方面深化改革：

第一，分立发行市场和交易市场，实行股票发行的注册制。实行发股注册制的要义有三：一是依法公开披露信息，为此，需要在《证券法》中明确股票发行人应公开披露的信息内容和违反此项规定予以的惩处。二是发股的负面清单。20 多年来，在发股审批制中，证券监管部门制定了众多的规范性文件（以至于连《人民日报》评论员文章都列入规范性文件）且越做越细、越做越多，使得我国的发股制度规则数量远远超过了世界上任何一个国家和地区。其中的基本成因是，证券监管部门在这方面的权力不受限制，有着无穷的扩展空间。要实行发股注册制就必须严格限制证券监管部门的权力扩张，为此，需要实行明确的负面清单制度。三是明确发股相关机构（包括发行人、会计师事务所、律师事务所、财务顾问和其他机构等）的法律责任，尤其是落实发股失败制度下它们各自的法律责任。

在分立发行市场和交易市场的过程中，需要处理好三个关系：其一，注册制的审核机关。发股注册制的审核机关应为证券监管部门，不应为证券交易所。如果将发股注册制的职能交给交易所，则一方面还将延续发股与上市相混的格局，所不同的只是原先这种职能相混发生在证券监管部门层面，现在这种相混发生在交易所层面；另一方面，交易所受自身权益的制约和驱动，为了避免形成新的竞争对手，将严重阻碍新层次股票交易市场的形成。其二，在分立发股与上市过程中，为了使得股市的各方参与者（包括证券监管部门、发行人、交易所、投资者、各类中介机构和媒体等）适应这一新变化，可以考虑实施发股与上市的时间分立机制（例如，通过制度规定，在一段时间内发股后6个月才可向交易所申请股票上市），改变20多年来形成的按照股票交易市场思维进行发股定价的状况。其三，严格实施发股失败制度。对那些实际发售的股票数额占预期发股数额低于一定比例（如70%以下）的，实行发股失败制度，由发行人全额退赔投资者的本息，以抑制注册制条件下的发股随意性和冲动。

第二，分离沪深交易所的交易规则。有史以来，世界各国和地区中，按照一个交易规则设立两个交易所市场的唯独我国沪深交易所；在网络经济时代，这种设置更加具有不合理性。要改变单一的 A 股市场格局，就必须改变沪深股市同一交易规则的状况。改变的路径可以有二：一是合并沪深股市，使它们成为一家。但这种操作阻力和难度较大，给股市带来的震动也较大。二是分离沪深股市的交易规则，通过交易规则中上市规则、信息披露规则、交易规则和退市规则等的差别化，使它们成为不同层次的股票交易市场。中小板、创业板等的设立为此已做了一些前期准备工作，只需进一步调整交易规则就可水到渠成。

第三，建立以证券公司网络系统为平台、以经纪人为核心的新的股票交易市场。在这一新层次股票交易市场设立中，交易规则（包括上市规则、交易规则、信息披露规则和退市规则等）由各家证券公司中的经纪人协商制定，实行股票发行的有纸化和股票交易的无纸化制度、股票交易的做市商制度以及由股票可交易性决定的股票退市制度。与此对应，不再实行电子撮合的自动成交方式，实行做市商的撮合交易和自动报价方式。入市交易的股票既可是首发股票，也可是存量股份，各种股票由做市商推荐入市交易。另外，在进一步发展中，这一层次的股票市场可根据实际情况，由经纪人制定更加细化的交易规则，建立满足不同需求的多层次股票交易市场，最终形成类似于美国纳斯达克的多层次股票交易市场。

3. 多渠道推动股权融资发展

长期以来，我国实体企业资本性资金严重缺乏，不仅使企业的经营运作困难重重，高杠杆率问题难以消解，而且给以银行信用为主导的金融体系带来严重的风险隐患。十八届三中全会《决定》明确提出应"多渠道推动股权融资"。根据当前我国的实际情况，并借鉴国外的经验，在深化改革中，应通过股权投资（PE）基金、政府引导基金、保险资金和社保资金等多种途径推动我国的股权融资发展。具体来看：

第一，应规范发展股权投资。在众多股权投资方式中，股权投资基金的市场化程度最高，是推进股权投资的重要组织方式。基金管理者通常以被投资企业的成长潜力和效率作为投资选择原则，将资金投入最有发展潜力的产业和运作效率最高的企业，由此，对引导和优化资源配置有着积极重要的作用。但我国的股权投资基金在运作中也存在四个有待解决的问题：一是相关法律政策不完善，有些法规界限比较模糊；二是股权退出渠道不畅且狭窄；三是投资"对赌协议"的合法性问题尚待解决；四是国内筹资环节薄弱，资本结构单一。

要规范发展我国股权投资基金的运作，应从三个方面深化改革：一是完善相关法律政策。在继续完善《公司法》《证券法》和《信托法》等相关法律的同时，应尽快制定关于股权投资基金的专门管理法规，对投资运作的相关行为、组织架构和义务责任等进行规范。二是完善市场体系，建立股权退出的多元化机制。其中，既包括积极推动股票发行的注册制改革，尽快建立多层次股票交易，也包括进一步完善产权交易市场和股权转让机制等。三是明确股权投资基金的产业政策目标和发展规划。从美国和以色列的发展路径可以看出，在股权投资基金发展过程中，政府政策有着至关重要的作用，其中包括维护政策的稳定性、保护知识产权和提供教育培训、优惠的税收政策和财政补偿制度等。

第二，设立政府引导基金。设立政府引导基金可以有效带动社会资本进行股权投资。创业投资引导基金往往以参股创投企业、贷款、担保、共同投资等方式进行运作。我国政府引导基金起步较晚。目前存在的主要问题有三：一是定位存在一定偏差；二是投资限制具有明显的行政色彩；三是缺乏有效考评监督机制。

为了更充分发挥政府引导基金的功能，推进股权投资的健康发展，需要解决好四个方面的问题：一是建立经济效益与社会效益相结合的考核体系。通过将经营性项目和政策性项目相结合，最终实现经营的保本微利，同时实现政府的政策目标。二是协调目标差异，提供风险保障。在引导基金的运作中，政府资本要对社会资本进行合理补偿，坚持让利于民，调动民间资本的积极性，避免政策产生挤出效应。三是定位好政府职责，加强监督管理，预防委托代理风险。政府只要通过相应政策制定规则来保证市场行为有序进行即可，所要做的是吸引更多的资金投入到创业投资事业中去，同时引导创业投资资金的投资方向。四是建立公开透明的信息披露制度，避免道德风险，防范寻租行为。财政部门应做好监管工作，定期检查引导基金资金使用情况，并将检查情况及时公布。

第三，稳步推进保险资金的股权投资。保险资金具有长期性的特点，适合做资本性质的投资，因而，是股权投资资金的一个重要来源。近年来，保险监管部门持续放宽了保险资金投资于权益类产品的限制，但迄今此类投资占比依然较低。要稳步推进保险资金用于股权投资，一方面需要改善投资结构，提高资金运用效率。从国外的经验来看，可以采取与股权投资基金相结合的方式展开投资运作。另一方面，进一步完善资本市场，丰富金融产品体系，为保险投资提供产品种类齐全的不同期限、收益率、风险度和流动性特征的金融产品。

第四，放宽社保资金参与股权投资的限制。社会保险基金通常包括养老保险基金、医疗保险基金、生育保险基金、失业保险基金、工伤保险基金等。这类资金的特点决定了其投资过程中必须确保安全第一，同时又要平衡好可能面临贬值的压力，因此，在保证资产安全性、流动性的前提下，适度放宽社保资金参与股权投资的限制，既有利于改善社保资金的运作收益，也有利于拓宽社会资金的股权投资渠道。

放宽社保资金参与股权投资，需要解决好四个问题：一是调整社保基金结余的部分只能用于银行存款或购买国债的限制，适度放宽社保基金的投资渠道。一方面鼓励社保基金投资于那些业绩好、流通性好以及发展前景好的蓝筹股；另一方面，鼓励社保资金参与对中央企业控股公司、地方优质国有企业和重大基础设施的直接股权投资；再一方面，鼓励社保资金扩大对股权投资基金的投资等。二是继续提高社保基金统筹层次，尽快实现各类社保基金省级乃至全国的统筹管理，实现投资体制的市场化与资产配置的多元化，最终提高社保基金收益率以抵御通货膨胀风险。三是培育市场化的独立基金管理机构。四是建立统一规范的社保基金投资运营监管体制，确保基金投资的安全稳定。

（四）加快发展现代保险服务业

随着现代保险业的快速发展，保险业在现代金融体系中的作用越来越大。"十二五"以来，我国保险业取得了长足进步，已经成为全球第四大保险市场。农业保险保费规模和机动车辆保险保费规模都位居世界第二，仅次于美国。

从总体上看，我国保险业仍处于发展的初级阶段，与现代保险服务业的要求还有较大差距，主要问题有三：一是大而不强。目前我国保险深度（保费收入/国内生产总值）与密度（保费收入/总人口）相比世界平均水平都还有明显差距。二是保险核心功能不突出，保障性业务的发展不尽如人意。在重大自然灾害中，保险保障功能发挥明显不足。与发达国家的财产保险业相比，在同类灾害损失中，我国财产保险业赔付占灾害损失的比例不足2%，远低于发达国家30%以上的赔付比例水平。三是数据信息和数据平台等保险业的核心资源短缺制约着保障型业务发展。我国财产险业和健康险业虽然历经30余年的发展，也积聚了数万亿以上的资产规模，但基础资源的发展却严重滞后。例如，全国性的农业保险数据平台尚未成型，这种核心资源的短缺导致了农业保险缺乏科学的经营基础。

"十三五" 时期，我国要加快发展现代保险服务业，需要着力解决好四个方面的问题：

第一，大力培育保险业核心功能。这包括：一是把商业保险建成社会保障体系的重要支柱，同时，给予必要的税收优惠和社会保险市场化运作等政策支持。具体看来，以大病保险民营化为突破口，尝试引入健康保险交易所作为大病保险交易平台，为整个基本医保体系的民营化探索新路。加快推进个人延税型养老保险试点。二是建立巨灾保险制度。逐步形成以商业保险为平台、在财政支持下的多层次巨灾风险分散机制，藏救灾能力于市场。三是发挥责任保险化解矛盾纠纷的功能，重点发展与公众利益关系密切的环境污染责任保险、食品安全责任保险、医疗责任保险、校园安全责任保险等领域。四是通过保险推进经济产业升级，着力发挥保险对于农业现代化和外贸转型升级等的作用。具体包括：完善政策性农业保险财政补贴制度，开展农产品目标价格保险试点；打破我国出口信用保险公司一家垄断的经营格局，放开短期出口信用保险市场；在上海、天津自贸区和前海深港合作区，积极探索建立亚洲航运保险中心。

第二，深化保险资金运用改革。具体包括：减少对保险机构投资比例和投资范围的限制，建立市场化资产管理机制，把投资权和风险责任更多交给市场主体；允许专业保险资产管理机构设立私募基金，允许保险公司设立基金管理公司；以优级房贷为基础资产，探索发展按揭信用保险；优化保险投资统计监测体系，做好风险预警工作，规避由资产管理不善引发的影子银行风险传染；引导保险资金服务实体经济（包括服务新型城镇化建设、服务养老产业等）。

第三，加强保险业基础设施建设。具体包括：进一步完善行业车险数据平台，为车险费率市场化提供基础支持；加快建立农业保险风险数据库，开展农业保险风险区域划分和费率分区,为政策性农业保险奠定科学发展基础;修订人身险行业经验生命表、疾病发生率表等;加快我国保险信息技术管理有限责任公司发展,完善公司治理结构。

第四,加强保险消费者合法权益保护。具体包括:探索建立保险消费纠纷多元化解决机制,建立健全保险纠纷诉讼、仲裁与调解对接机制;加大保险监管力度,监督保险机构全面履行对保险消费者的各项义务,严肃查处各类损害保险消费者合法权益的行为;加强保险产品的透明度建设,鼓励社会机构建立对保险价格进行比较的网站平台,尝试公布行业交强险和商业车险的定价基准,在信息透明的前提下,允许保险公司扩大商业车险费率浮动范围。

(五) 深化政策性金融体系改革

从经济理论和实践经验看,发展政策性金融体系都具有长期的必然性。无论是发展中国家,还是发达国家,都存在作为补充性的政策性金融,尤其是作为应对危机冲击的制度性机制性安排有着不可替代的作用。在2008年金融危机过程中,政策性金融在抵御危机、恢复市场信心、稳定金融体系等方面发挥了重要作用。当前，我国正在加快经济结构转型和推进城镇化建设，亟须解决一直困扰的长期性资金匮乏问题，因此，政策性金融不仅不应被弱化，而且应根据实践需要，加快深化改革和继续创新发展的步伐。

我国政策性金融体系包括政策性银行、政策性保险机构、政策性担保机构、政策性基金等，其中政策性银行机构是主体。经过 20 年的实践发展，随着市场体制不断完善和宏观环境的变化，目前政策性金融体系也遇到不少问题，主要表现有四：一是缺乏立法依据，监管缺乏协调。关于三家政策性银行的专门立法至今没有出台，监管上基本是参照甚至完全按照商业性金融机构的监管法律进行，而且监管呈现多头多线的局面，缺乏协调，使政策性金融机构无所适从。二是资金来源渠道相对狭窄，资本金补充不足。政策性银行的资金来源主要依靠向中央银行再贷款和发行金融债券，资本金补充困难，这使政策性金融机构的经营发展和转型改革受到种种制约。三是缺乏清晰定位，评价标准缺失。四是政策性业务与商业性业务容易形成竞争，经营面临一定风险，管理体制也有待完善。

我国政策性金融体系应以"服务国家战略、具有政府信用、尊重市场规则"为深化改革的基本取向，其中："服务国家战略"，应首先以政府设定的着眼于全社会的结构调整、和谐发展、社会安定和金融安全等目标为出发点，以追求社会利益最大化为目标，在保证国家战略能够得以顺利实施的前提下，加强风险控制、提高经营效率，实现财务上的可持续。"具有政府信用"，应让政策性金融机构依凭政府信用去获取低成本的资金，必要时政府应给予一定财政资金支持，做到可持续经营。"尊重市场规则"，应突出政策性金融并非财政资金运作的特征，它是带有市场化资金融通性质的活动，其资金的获取主要还是依靠市场，因此，其资金的投向不能脱离基本的市场规则，必须尊重市场规则开展经营。

在"十三五"期间，政策性金融体系的改革深化，需要解决好五个方面的问题：

第一，应加快政策性金融的立法。在全面推进法治国家建设进程中，政策性金融机构必须在法律的框架内运行，专门立法有利于确保其自主决策、规范运作、可持续经营。考虑到我国政策性金融制度建设还必须经历一段渐进探索、开拓、创新的过程，可采取由粗到细、先易后难的方式，从制度、章程的较粗线条的全覆盖到渐进细化、升级的法规全覆盖的立法技术路线，最终形成较完备的相关法律体系。

第二，应寻求政策性目标与市场性目标相结合的均衡方案与机制。政策性金融的运作目标可以与城镇化所需要的大规模综合性投资相匹配，可以积极以市场性目标解决政策性金融机构的经营机制问题，构建风险共担机制和完善利益补偿机制，支持市场性目标的实现。另外，应构建科学合理的绩效评价体系，客观评价政策性金融机构的目标实现程度、经营管理水平和专业人员的资金运作水平等，以保障政策性目标的实现。

第三，应多途径分类推进政策性金融体系的改革与完善。既要在条件成熟时推动商业化改革，也应该考虑新建必要的政策性金融机制（例如，住房金融机制）。

第四，应完善法人治理结构，提高政策性金融机构运作机制的专业化、市场化水平，对有综合性业务的政策性金融机构可考虑选择采用分账管理制度。

第五，应建立健全政策性金融监管体系。采取一行一策的办法，确定科学性的监管标准与要求，实施差别化的监管。强化政策性目标考核，构建相应指标体系，遵循全面风险管理的要求，强化对政策性金融机构经营风险管理能力和道德风险的监管。

（六）探索基于负面清单的金融监管模式

长期以来，我国的金融监管过于强调行政机制的要求，一味求稳，担心失控，追求运用行政机制管控一切金融风险，对可能监管不了的金融风险就直接禁止对应的金融活动，忽视市场机制和金融机构的自防范风险机制的作用。在此背景下，金融监管部门常常处于自我定位不清的境地，对金融市场各类主体的自主行为管控过多。总体上偏向于实施"更强和更多的金融监管"，持续用行政规范取代市场规范，不仅对正规金融体系采取了全面行政管控，而且漠视经济金融运行中内生的非正规金融，似乎健康稳健的金融体系和金融市场运行是在事无巨细的全面金融监管下形成的，由此，使得金融监管权控制或主导的"外植型"金融体系不断扩展，严重抑制了金融创新，造成金融体系越来越难以满足经济社会发展的内在要求。在全面深化改革、发挥市场机制的决定性作用背景下，金融监管应采取负面清单的思维方式，通过建立金融监管负面清单来厘清金融监管与金融市场的边界。

金融监管负面清单是指，通过金融相关法律法规等明确规定禁止从事的金融活动和通过相关金融法律法规等明确规定的金融机构、金融业务、金融产品和金融服务等的市场准入条件。它一方面强调，凡是符合相关法律法规中准入条件规定的经济主体、金融业务、金融产品和金融服务等均可依法保障自由进入金融市场，无须再获得金融监管部门审批。另一方面强调，"法无禁止即可为"，只要不在法律法规禁止范围内，各种金融创新均可依法展开。

建立金融监管负面清单制度，是贯彻落实金融法治的基石所在。在实行金融负面清单制度条件下，金融监管部门的行政权力受到负面清单内容的严格限制，金融监管将真正转移到坚决打击各种违法违规行为、防范和化解系统性金融风险、监测和预警金融运行态势等方面。在此背景下，金融监管部门在行使监管权时应要做到：一是权力的行使于法有据，不得超越法律法规的规定行使权力；二是权力行使公开透明，接受社会监督；三是权力行使要遵循正当程序，不得违反规定程序行使权力。与此同时，金融市场的各类主体可根据自身情况以及金融市场需求状况，自主地进入负面清单之外的金融市场，开展符合自己要求和权益的金融活动。

落实金融监管的负面清单管理模式，首先，要确立新的监管理念，对金融市场准入的认识，应从现有的正面清单模式的"法无授权即禁止"转向负面清单模式的"法无禁止则自由"。其次，要调整监管行为，加强金融监管部门对相关金融活动的市场准入后监管。对于负面清单外事项市场准入后，法律应当授权并要求金融监管部门加强事中和事后监管，以防范金融风险，保护金融消费者利益。再次，完善司法制度，强化司法对金融监管权力的制约。当金融监管者的立法或执法活动侵害金融市场交易主体利益时，金融市场交易主体有权向法院寻求司法维权和救济。最后，应建立集团诉讼、代表诉讼等诉讼制度，保护金融投资者和金融消费者合法利益，实现金融市场主体间权利义务的平衡，避免负面清单制度可能带来的负面效应。

实施负面清单制度，金融监管部门就失去了审批制中寻租的空间和自身利益，鉴于金融产品创新中已越来越多地采取多种金融机制复合运作，除金融机构外，各类实体企业和城乡居民也都进入了金融市场，继续贯彻机构监管的方式既不利于监管目标的落实也将持续暴露出各种弊端，由此，金融监管的重心从金融机构转向金融功能（或金融行为）就成为必然，与此对应，金融监管部门之间的协调就将从机构协调转变为功能协调，在此基础上，重新调整金融监管部门的设置就将成为可能。

一方面，随着我国金融业改革发展和对外开放程度的不断提高，互联网和移动通信技术的普及深入，金融业务综合化、金融活动国际化、金融产品多样化和金融创新常态化的趋势日益明显，这一切都对已有的金融分业监管体制提出了新问题。另一方面，通过直接投资和参股其他金融企业或者通过金融控股公司形式等，金融机构形成了跨行业、跨市场和跨国界的综合化经营模式，加大了系统性风险在金融市场和金融机构之间放大与传染的可能，对金融稳定提出了新的挑战。再一方面，随着综合经营发展和金融市场的对内、对外进一步开放，民间资本、海外资本将越来越多地进入金融体系，由此，金融的系统性风险特征将会在一定程度上与发达国家趋同，由此，建立宏观审慎管理政策体系成为必然举措。

宏观审慎管理政策体系的形成和落实，既包括货币政策与金融监管的协调，也包括货币政策与财政政策的协调，因此，仅靠"一行三会"的努力是远远不够的，它还涉及国家发改委、财政部及其他相关部委，鉴此，需要从国务院层面考虑构建协调能力更强的运作机制，制定和落实微观监管政策协调、总量政策协调、总量政策与结构政策等相互之间配合，经济金融运行政策与经济社会发展战略相统一的宏观审慎管理政策体系。

主要参考文献

1.《国民经济和社会发展第十二个五年规划纲要》，新华网，2011年3月16日。

2.《中共中央关于全面深化改革若干重大问题的决定》，新华网，2013年11月16日。

3.《中共中央关于全面推进依法治国若干重大问题的决定》，新华网，2014年10月30日。

4.《国务院关于加快发展现代保险服务业的若干意见》，中国政府网，2014年8月13日。

5. 恩格尔曼、高尔曼主编：《剑桥美国经济史》第3卷，中国人民大学出版社2008年版。

6. 董裕平：《政策性金融转型动态与我国的改革路径评析》，《财贸经济》2010年第11期。

7. ［美］法博齐：《债券市场：分析与策略》，中国人民大学出版社2011年版。

8. 黄奇帆：《改革完善企业股本补充机制　促进中国经济持续健康发展》，《中国证券报》2013年11月21日。

9. 贾康、孟艳：《政策性金融何去何从：必要性、困难与出路》，《财政研究》2009年第3期。

10. 李扬：《适应金融发展需要　重塑监管框架》，《金融评论》2010年第6期。

11. 时文朝主编：《中国债券市场发展与创新》，中国金融出版社 2011 年版。

12. 孙祁祥等：《中国保险业发展报告 2014》，北京大学出版社 2014 年版。

13. ［美］塞里格曼：《华尔街的变迁：证券交易委员会及现代公司融资制度演进》第三版，中国财政经济出版社 2009 年版。

14. 王国刚：《以公司债券为抓手 推进金融回归实体经济》，《金融评论》2013 年第 4 期。

15. 王国刚：《中国货币政策调控工具的操作机理：2001—2010》，《中国社会科学》2012 年第 4 期。

16. 王利明：《负面清单管理模式的优越性》，《光明日报》2014 年 5 月 5 日。

17. 魏加宁：《存款保险制度与金融安全网研究》，中国经济出版社 2014 年版。

18. 新华社特约评论员：《适应新常态 推动新发展——论学习贯彻中央经济工作会议精神》，新华网，2014 年 12 月 11 日。

19. 谢平、邹传伟：《中国金融改革思路：2013—2020》，中国金融出版社 2013 年版。

20. 阎庆明等：《中国影子银行监管研究》，中国人民大学出版社 2014 年版。

21. 易纲：《改革开放三十年来人民币汇率体制的演变》，选自《中国金融改革思考录》，商务印书馆 2009 年版。

22. 周小川：《人民币资本项目可兑换的前景和路径》，《金融研究》2012 年第 1 期。

23. 周小川:《关于推进利率市场化改革的若干思考》, http://www. pbc. gov. cn/publish/goutongjiaoliu/524/2012/20120112160648353655534/20120112160648353655534_ . html。

24. 中国保险监督管理委员会:《中国保险业社会责任白皮书》, 2014 年。

25. Allen F. , Gale D. (2000), *Comparing financial systems*, MIT Press.

26. Asli Demirgüç-Kunt, Edward Kane, Luc Laeven, Deposit Insurance Database, *World Bank working paper*, June 2014.

27. Cassola, N. and N. Porter (2011), "Understanding Chinese Bond Yields and their Role in Monetary Policy", *IMF Working Paper*, WP/11/225.

28. Clement, Piet. (2010), "The term 'macroprudential': origins and evolution", *BIS Quarterly Review*, 2010.

29. Committee on the Global Financial System (2012), "Operationalising the selection and application of macroprudential instruments", *CGFS Papers*, No. 48.

30. Demirguc-Kunt, A. , and L. Klapper, 2012, "Measuring Financial Inclusion: The Global Findex Database", *World Bank Policy Research Paper*, 6025.

31. Rioja Felix and NevenValev (2014), "Stock markets, banks and the sources of economic growth in low and high income countries", *Journal of Economics and Finance*38, 302 – 320.

32. Shleifer, Andrei, 2012, *The Failure of Judges and the Rise of Regulators*, *Cambridge*, MA: The MIT Press.

33. Stigler, George, 1971, "The Theory of Economic Regulation", *Bell Journal of Economics and Management Science* 2, 3 – 21.

王国刚，江苏无锡人，中国社会科学院学部委员，博士生导师，经济学教授，经济学博士，政府特殊津贴获得者；现任中国社会科学院金融研究所所长，兼任国家社科基金规划评审组专家，中国开发性金融促进会副会长、中国市场学会副会长、中国外汇投资协会副会长，中国金融学会副秘书长兼常务理事、中国城市金融学会常务理事、中国农村金融学会常务理事、中国资产评估协会常务理事、中国城市经济学会常务理事等职；曾任"江苏兴达证券投资服务有限公司"总经理、"江苏兴达会计师事务所"董事长、"中国华夏证券有限公司"副总裁等职。近年主要从事货币政策、金融运行和资本市场等相关的理论与实务问题研究，已发表《中国企业组织制度的改革》《资本账户开放与中国金融改革》《中国金融改革与发展热点》《资金过剩背景下的中国金融运行分析》《货币政策与价格波动》和《资本市场导论》等著作 40 多部，论文 900 多篇；主持过近百项科研课题，其中包括省部级重大、重点课题 30 多项，获得了孙冶方经济科学奖和 30 多项省部级以上科研教学奖。

董裕平，中国社会科学院金融研究所研究员，所长助理，法与金融研究室主任。哈佛大学经济系访问学者。主要研究方向是制度与金融发展。